Mecklenburg-Vorpommern

Der Bildband für die Hosentasche

steffen verlag

4 | Historische Seebrücke und Strand von Ahlbeck auf der Sonneninsel Usedom

Strandpromenade im Seeheilbad Ahlbeck

Hotel Ahlbecker Hof und Rialto

Freizeitparadies Ahlbeck: Schwimmen, Sonnen, Bootsfahrten und mehr ...

10 | Fischerboot am abendlichen Strand von Ahlbeck

Fischerboote prägen bis heute das Bild der Ostsee und der Strände.
Gefangen werden Dorsch, Hornhecht, Hering, ...

Auch wenn die Sonne einmal nicht scheint, am Heringsdorfer Strand von Usedom kann die Freizeit aktiv wie gemächlich verbracht werden. Es kommt nur auf die richtige Kleidung an.

16 | Ein Morgenspaziergang zu oder von der Heringsdorfer Seebrücke an einem

klaren Wintertag

Bernstein – der Edelstein der Ostsee

Das Seeheilbad Bansin auf Usedom wartet mit klassischer Bäderarchitektur auf.

Die Strandpromenade von Bansin einmal menschenleer zu Gesicht zu bekommen, das ist selten.

22 | Der Strand von Bansin ist ein Paradies für Jung und Alt.

Ansichtskartenidyll – das Blaue Haus in Warthe bei Rankwitz

Kleiner Naturhafen mit Fischerboot
am Achterwasser im Lieper Winkel

Seebrücke und Strand von Koserow auf Usedom

28 | Beeindruckender Sonnenuntergang am Achterwasser von Usedom

Die Seebrücke »Vineta« mit der Tauchgondel in Zinnowitz

An der Strandpromenade des Ostseebades Zinnowitz auf Usedom

Ehrwürdige Lindenallee im Nordwesten von Usedom

Der alte Wolgaster Hafen

Blick von der Wolgaster St.-Petri-Kirche zur
blauen Klappbrücke, die über die Peene führt.

Die beeindruckenden Ruinen des einstigen Zisterzienserklosters Eldena in Greifswald

Die Klappbrücke von Wieck

Marktplatztreiben in atmosphärischer Szenerie. Vor allem die historischen Giebelhäuser, viele davon in Backstein, geben dem Zentrum Greifswalds seinen Charme.

Das barocke Rathaus am Marktplatz von Greifswald, dahinter der imposante Greifswalder Dom St. Nikolai

42 | Auch als Agrarland bietet Mecklenburg-Vorpommern Bilderbuchidyllen.

44 | Die historische Altstadt von Stralsund. Seit 2002 ist sie als Kulturdenkmal

in der Welterbeliste der UNESCO vertreten.

Der Alte Markt von Stralsund bietet mit seinem ikonischen Rathaus,
der St.-Nikolai-Kirche und vielen alten Giebelhäusern
einen unvergesslichen Anblick.

48 | Stralsunds Hafen mit der Gorch Fock I vor dem OZEANEUM

Takelage eines alten Segelschiffes

Ruder der Gorch Fock I

Teil-Ensemble des Heilgeistklosters von Stralsund mit seinen Straßen, Gängen und Freizonen

Humboldt-Pinguine auf der Dachterrasse des Stralsunder OZEANEUMs

54 | Die Rügenbrücke verbindet Stralsund mit Deutschlands größter Insel.

Das reetgedeckte Pfarrwitwenhaus in Groß Zicker (Rügen)

Blick vom Bakenberg auf Gager und das Hagensche Wiek (Rügen)

Als technisches Wahrzeichen Rügens bekannt – die historische Eisenbahn »Rasender Roland«

Schattenspendende Eichenallee im Innern der Insel Rügen

Putbus, die »Weiße Stadt« mit dem charakteristischen Rondellplatz, genannt Circus, klassizistischen Bürgerhäusern, Theater, Schlosspark und weiteren Sehenswürdigkeiten

Mecklenburg-Vorpommern ist bekannt für seine Buchenwälder. Zwei hat das UNESCO-Welterbekomitee in die Liste des Weltnaturerbes aufgenommen – Teile des Nationalparks Jasmund auf Rügen und des Serrahner Teils des Müritz-Nationalparks.

Von Moritzdorf nach Baabe – die wohl kürzeste Fährstrecke Norddeutschlands

Traditionelles Segelboot im Hafen von Moritzdorf

Die Wilhelmstraße von Sellin ist nicht nur wegen ihrer historischen Bäderarchitektur beliebt. Auch für das leibliche Wohl wird hier gesorgt.

Das Ostseebad Sellin wartet mit einer der schönsten Seebrücken Rügens auf.

68 | Das größte Seebad der Insel Rügen – Binz. Beliebt sind neben dem feinen

Die Hyparschalenkonstruktion Müther-Turm, einst Ausblick für Rettungsschwimmer, heute Außenstelle des Binzer Standesamts

Bronzeskulptur von Helmut Bourger vor dem Kurhaus von Binz

Das Ostseebad Binz lädt zu Spaziergängen am kilometerlangen Sandstrand und zum Verweilen auf der prachtvollen Promenade ein.

74 | Faszinierender Panoramablick vom Turm des Jagdschlosses Granitz auf Rügen

Großsteingrab in der Nähe von Lancken-Granitz auf Rügen

Das Jagdschloss Granitz thront auf dem Tempelberg.

Blick auf den Hafen von Sassnitz mit Leuchtturm und Mole | 79

Fischerei – ein traditioneller Wirtschaftszweig in Mecklenburg-Vorpommern. Wer kann, kauft schon mal gern beim ortsansässigen Fischer.

82 | Ein Markenzeichen der Insel Rügen – die imposanten Kreidefelsen

Beeindruckender Blick auf die Ostsee und die Kreideküste durch die Buchen des Nationalparks Jasmund (UNESCO-Weltnaturerbe)

Beliebtes Fotomotiv – die zerklüftete Kreideküste Rügens

86 | Mystischer Herbstnebel im Buchenwald des Nationalparks Jasmund

88 | Der Leuchtturm von Kap Arkona bietet bei gutem Wetter einen Blick über Wittow,

Rügen und die Ostsee bis zur Küste der dänischen Insel Møn.

Wer es eher traditionell mag, unternimmt eine Kutschfahrt über Rügens Halbinsel Wittow.

Im Frühling und Sommer auf Rügen heimisch – ein Paar Uferschwalben an ihrer Brutröhre

Blick auf den Marktplatz der Stadt Bergen
mit seinen sehenswerten Bürgerhäusern

Aussichtsturm und zugleich Gedenkstätte für Ernst Moritz Arndt.
Er steht auf dem Rugard nordöstlich von Bergen.

Viele Wege führen ans Ziel, ob mit Traktor und Anhänger auf der Fähre zur Insel Öhe oder mit dem Fahrrad durch Rügens Felder an die Ostsee.

96 | Winteridylle auf der Insel Rügen

98 | Bucht und Hafen von Vitte auf der beliebten Ferieninsel Hiddensee

Hiddensee – die autofreie Urlaubsinsel vor Rügen. Ans Ziel gelangen Einheimische wie Urlauber ganz traditionell mit Pferdekutsche oder Boot wie hier im kleinen Hafen von Kloster.

Beliebtes Fortbewegungsmittel auf der kleinen Insel ist das Fahrrad.

Wanderweg zum Leuchtturm Dornbusch –
Wahrzeichen Hiddensees

Die Insel Hiddensee lädt zum Entschleunigen ein, ob auf den naturbelassenen Wiesen des Hochlands oder an den Buhnen der Ostsee.

Die Blaue Scheune in Vitte ist ein niederdeutsches Fachhallen- und Rauchhaus, das heute die Galerie des Malers Günter Fink beherbergt.

Leuchtfeuer auf dem Gellen, dem südlichen Teil der Ostseeinsel. Im Vordergrund eine der Holzskulpturen Hiddensees

Kaum ein Ort auf Hiddensee, wo der Sanddorn, auch Zitrone des Nordens genannt, nicht wächst.

111 | Kraniche über dem Nationalpark Vorpommersche Boddenlandschaft

Wer mag, gelangt mit dem Boot vom Barther Hafen
auf die Halbinsel Fischland-Darß-Zingst.

Der Marktplatz der Boddenstadt Barth
mit ihrer Backsteinkirche St. Marien

Der Barther Bodden zwischen dem Festland und der Halbinsel Fischland-Darß-Zingst ist ein kleines, doch faszinierendes Naturparadies.

116 | Der Strand von Dierhagen auf Fischland-Darß-Zingst lädt zu Sommerfreuden ein.

Ob Fischerkate im Ostseebad Zingst oder Reetdachhaus in Born auf dem Darß – die bemalten Haustüren sind ein Markenzeichen der Halbinsel.

Mit dem Schaufelraddampfer »River Star« den Zingster Strom und Vogelschutzinseln entdecken sowie die Sundische Wiese und den Barther Bodden

Erholung pur bei einer Fahrradfahrt über die
Halbinsel Fischland-Darß-Zingst

Rothirsche an der Ostsee beobachten? Auf dem Darß!

Leuchtturm am Darßer Ort. Das Totholz der Kiefern am Weststrand vom Darß bietet eine ganz besondere Magie.

124 | Wer hat das schon, einen Strand für sich ganz allein?

Der Darßer Weststrand bietet als Teil des Nationalparks Vorpommersche Boddenlandschaft die Urwüchsigkeit einer einzigartigen Küstenlandschaft.

Die Halbinsel Fischland-Darß-Zingst im Winter – ein ganz besonderer Reiz

132 | Haus in den Dünen am Weststrand – Ahrenshoop lässt grüßen!

Der geschichtsträchtige Künstlerort Ahrenshoop hat nichts an Faszination verloren und so locken zahlreiche Galerien zum Verweilen, Entdecken, Genießen, ... Namhaft ist der »Ahrenshooper Kunstkaten« als Ausstellungs- und Veranstaltungshaus.

Die Schifferkirche von Ahrenshoop ist einem kieloben liegenden Boot nachempfunden.

Ist vielleicht ein Hühnergott als Glücksbringer dabei?

Das Meer mag nicht zu sehen sein,
doch das Schiffstau lässt es erahnen.

Zeesenboote im Hafen von Ahrenshoop-Althagen

Vereiste Buhnenköpfe an der Ostsee

Winterruhe am Bodden von Wustrow

Das traditionsreiche Tonnenabschlagen in Wieck auf dem Darß

Wochenmarkt auf dem Marktplatz von Ribnitz-Damgarten.
Im Hintergrund die St.-Marien-Kirche, vorn der Brunnen
»Bernsteinfischer mit Familie« von Thomas Jastram

144 | Warnemünde – Kreuzfahrt-Terminal am »Neuen Strom«, daneben der »Alte

Wahrzeichen von Warnemünde sind der »Teepott« an der Seepromenade sowie der grüne und rote Leuchtturm, hier zur Zeit der Hanse Sail.

148 | An Wind fehlt es an der Ostsee selten.

150 | Altstadt und Stadthafen von Rostock spiegeln sich in der Warnow

Malerische Gasse hinter Rostocks Nikolaikirche

»Brunnen der Lebensfreude« von Reinhard Dietrich und
Jo Jastram vor der Universität Rostock

Rostocks Neuer Markt mit seinen alten Häuserfassaden,
im Hintergrund die St.-Marien-Kirche

Die Hanse Sail Rostock – größtes maritimes Volksfest
in Mecklenburg-Vorpommern

156 | Aktive Erholung im Nienhäger Holz, besser bekannt als Gespensterwald

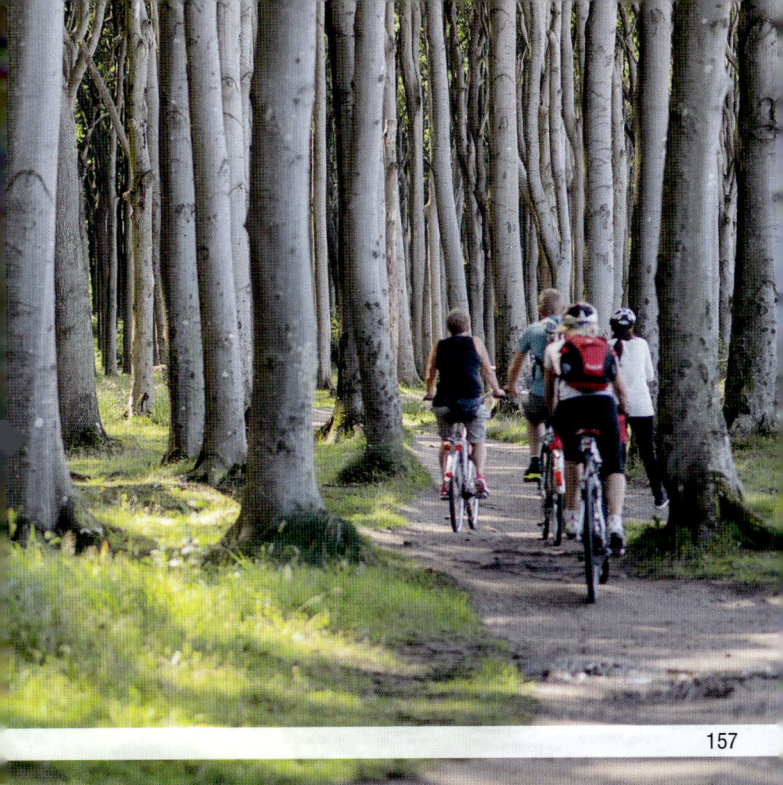

Die eindrucksvollen Ruinen der Klosteranlage von Bad Doberan lassen die Bedeutung des ehemaligen Zisterzienserklosters erahnen.

Das imposante Doberaner Münster zählt zu den bedeutendsten hochgotischen Backsteinbauten Europas.

»Kunstwerke« in Raps zwischen Kröpelin, Heiligendamm und Bad Doberan

Mecklenburg-Vorpommern ist stark landwirtschaftlich geprägt, kein Wunder also, wenn Kühe zum Landschaftsbild gehören, hier vor dem Leuchtturm von Bastorf.

Typische Pflanzenvertreter in Mecklenburg-Vorpommern – Schilf und Sumpfdotterblume

166 | Seebrücke vor dem namhaften Grand Hotel Heiligendamm

168 | Zur Ostsee gehören natürlich Möwen – hier Lachmöwen.

Wer am Strand spaziert, begegnet ihnen auf Schritt und Tritt – Algen.

Wer baut den höchsten Steinturm?

172 | Die beliebten Hafentage im Alten Hafen der Hansestadt Wismar

Das denkmalgeschützte Fachwerkhaus »Gewölbe« über Wismars Mühlenbach

Atmosphärisch zeigt sich Wismar mit seinen Altbauten und der Kirche St. Nikolai am Mühlengraben.

Wismars historischer Marktplatz. Seit 2002 ist die Altstadt der Hansestadt

Das barocke Baumhaus im Hafen Wismars mit den zwei Schwedenköpfen. Heute finden hier Ausstellungen statt.

Über die Grenzen Wismars bekannt – das älteste Bürgerhaus der Stadt »Alter Schwede«,

oten Häuschen

Beliebt bei Jung und Alt – der neugestaltete Kurpark im Ostseebad Boltenhagen mit Konzertpavillon und Trinkkurhalle an der Strandpromenade. Nur einen Steinwurf entfernt wartet der Strand.

Was wäre der Frühling ohne Rapsfelder in Mecklenburg-Vorpommern?

Denkmalgeschützte Galerie-Holländer-Windmühle von Klütz

Die zirka 270 Meter lange Festonallee aus holländischen Linden
ist ein einzigartiges Barock-Kleinod.

Die größte barocke Schlossanlage in
Mecklenburg-Vorpommern – Schloss Bothmer

188 | Landeshauptstadt Schwerin mit ihrem gotischen Dom und dem Pfaffenteich

Das Schweriner Schloss – die einstige Residenz der mecklenburgischen Herzöge und Großherzöge ist heute Sitz des Landtages von Mecklenburg-Vorpommern. Seiner romantischen Erscheinung verdankt es auch den Namen »Neuschwanstein des Nordens«.

An Kultur fehlt es in Schwerin nicht – das Staatstheater (links) im neoklassizistischen Prachtbau bietet sechs Sparten und das Staatliche Museum (rechts) 100.000 Exponate.

Salaternte im Agrarland Mecklenburg-Vorpommern.

Die sprichwörtlich glücklichen Kühe ...

Urlaubsparadies Schaalsee, hier an der Promenade von Zarrentin

196   Der Schaalsee lädt zum Schwimmen, Tauchen und Sonnenbaden ein.

Im Frühling ist es endlich soweit – das Spargelstechen. Und auch die Kraniche kehren nach Mecklenburg-Vorpommern zurück.

Entlang des Elberadwegs lässt sich eine der abwechslungsreichsten Flusslandschaften Deutschlands entdecken.

202 | Natur soweit das Auge reicht – Elbniederung bei Boizenburg

Die Stadt Dömitz liegt im Biosphärenreservat an der Elbe.
Der einstige Getreidespeicher, heute Hotel »Dömitzer Hafen«,
ist schon von Weitem zu erkennen.

206 | Das barocke Schloss von Ludwigslust – bis 1837 Hauptresidenz der Herzöge

Ludwigslusts Stadtkirche. Ursprünglich diente sie
den Regenten als Hofkirche.

Wasserlauf im Park des Residenzschlosses Ludwigslust

Die Schleuse Neustadt-Glewe ist Teil der Müritz-Elde-Wasserstraße.

Die Alte Burg in Neustadt-Glewe ist die älteste
noch erhaltene Wehrburg Mecklenburgs.

Parchim mit seiner St.-Georgen-Kirche (links) und dem Schuhmarkt am altehrwürdigen Rathaus (rechts hinten)

Die 155 kilometerlange Warnow mutet im Süden Mecklenburgs sehr idyllisch an. Wer Ruhe sucht, ist an ihren Ufern genau richtig – nicht nur zum Angeln.

Das Archäologische Freilichtmuseum von Groß Raden bei Sternberg mit dem Nachbau einer Slawenburg

Das Ernst-Barlach-Theater – der älteste erhalten gebliebene Theaterbau Mecklenburgs

Eines der bedeutendsten Renaissanceschlösser Norddeutschlands – Schloss Güstrow

Gut erhaltene Giebelhäuser am Markt der Residenzstadt Güstrow

Der monumentale Güstrower Dom lässt den Übergang von der Romanik zur Gotik erkennen.

222 | Tagesausklang am Plauer See bei Malchow

Das Rathaus von Plau am See im Neorenaissancestil

Der Luftkurort Plau am See in der Mecklenburgischen Seenplatte.
Weithin sichtbar die Pfarrkirche St. Marien

Inselstadt Malchow – Perle in der Seenplatte

228 | Kopfweiden am Westufer der Müritz – Sinnbilder Mecklenburg-Vorpommerns

St.-Nikolai-Kirche in Röbel an der Müritz

Holzskulpturen an der Hafenpromenade von Röbel

Deutschlands größte Aquarienlandschaft für heimische Süßwasserfische – das Müritzeum

Der Marktplatz von Waren an der Müritz

Eisvogel im Müritz-Nationalpark

Der Müritz-Nationalpark-Weg führt durch urwüchsige Wälder und geheimnisvolle Moore.

236 | Blick vom Hafen Warens auf die Altstadt mit der St.-Georgen-Kirche (links)

und der St.-Marien-Kirche (rechts)

Schloss Ulrichshusen ist eines der bedeutendsten Renaissancebauwerke Mecklenburgs. Heute dient es als Hotel und Festspielort.

Der Nymphenbrunnen im Park von Burg Schlitz stammt vom Bildhauer Walter Schott.

Burg Schlitz in der Mecklenburgischen Schweiz – das Schloss dient heute als Hotel.

Wahrzeichen der Stadt Teterow – der Hechtbrunnen auf dem Marktplatz, entworfen vom Bildhauer Wilhelm Wandschneider

Teterows Stadtmühle, heute ein Gasthaus,
und die Stadtkirche St. Peter und Paul

Wohnt Dornröschen heute in Teterow?

244 Das Rostocker Tor von Teterow aus der Mitte des 14. Jahrhunderts

246 | Ein Morgen in der Mecklenburgischen Seenplatte

247

248 | Ein Stück Eden in Mecklenburg – der Wasserwanderrastplatz Trittelwitz

am Flusslauf der Peene

Eine der schönsten Möglichkeiten, die Mecklenburgische Seenplatte zu erkunden – auf dem Wasser. Warum nicht in Neukalen starten, wo sich ein Bootshaus an das nächste schmiegt.

252 | Peene-Hafen mit blauer Kahldenbrücke in der Hansestadt Demmin

Scheuer Bewohner im Naturpark Flusslandschaft Peenetal

258 | Malchin mit Rathaus und St.-Johannis-Kirche

Ein Fahrrad als Wegweiser im Park von Schloss Basedow am Malchiner See. Die Schlossanlage ist eine der bedeutendsten in Mecklenburg-Vorpommern.

Schloss Ivenack – ein Herrenhaus im Dornröschenschlaf

Die Ivenacker Eichen – ein nationales Naturmonument

264 | Urlaubsparadies Mirow in der Mecklenburgischen Seenplatte

Die malerische Schlossinsel von Mirow. Zum Gebäudekomplex gehören die Johanniterkirche, das Schloss, das Kavalierhaus und die Liebesinsel mit dem Grabmal von Adolf Friedrich VI.

268 | Die »Herzinsel« im Brückentinsee bei Dabelow

Residenzstadt Neustrelitz mit der klassizistischen Orangerie (links) und dem Hebetempel (rechts), der im barocken Teil des Schlossparks thront.

Der Hafen von Neustrelitz mit seinen ausgebauten Speichergebäuden

Ein Wahrzeichen der Residenzstadt Neustrelitz
ist die Stadtkirche am Markt.

Schloss Hohenzieritz beherbergt das Sterbezimmer von Königin Luise von Preußen. Im Luisentempel des Schlossparks erinnert eine Büste an die Regentin.

276 | Der Tollensesee im Südwesten von Neubrandenburg

Neubrandenburg ist für die mittelalterliche Stadtbefestigung mit ihren Wiekhäusern und den vier Toren aus der Zeit der Backsteingotik bekannt. Das Friedländer Tor ist die älteste Toranlage der Stadt.

Denkmal für Fritz Reuter – berühmtester Dichter niederdeutscher Mundart

Die St.-Marien-Kirche – Zeugnis norddeutscher Backsteingotik – beherbergt heute ein Konzerthaus von internationalem Rang.

Burg Stargard – eine der wenigen Höhenburgen im norddeutschen Tiefland. Der Bergfried ist das Wahrzeichen der Stadt Burg Stargard.

Der Eichenbaum – Symbol für die Ewigkeit

284 | Kurort Feldberg – umgeben von einer einmaligen Landschaft aus Seen,

Wäldern, Wiesen und Feldern

Das Hans-Fallada-Museum in Carwitz bei Feldberg. Hier lebte der weltberühmte Autor von 1933–1944.

Die Feldberger Seenlandschaft ist ein Vogelparadies und das nicht nur für Graureiher (links) und Seeadler (rechts).

Windmühlenstadt Woldegk – sechs der historisch wertvollen Nutzbauten sind noch erhalten, darunter die Ehlertsche (links) und die Fröhlkesche Mühle (rechts).

Pasewalk mit seiner mittelalterlichen Stadtmauer, seinen Fachwerkhäusern und der St.-Marien-Kirche im Stil norddeutscher Backsteingotik am Marktplatz

Markt im Seebad Ueckermünde am Stettiner Haff

Am Hafen von Ueckermünde, im Hintergrund der Schlossturm

296 | Sonnenaufgang über der Peene im Naturpark Flusslandschaft Peenetal

Anklam – das Tor zur Insel Usedom, hier mit der mittelalterlichen Nikolaikirche, dem Greifenbrunnen von Walther Preik und der Fußgängerbrücke über die Peene (rechts)

Eisenbahnbrücke über die Peene bei Anklam

302 | Strandpromenade zwischen Ahlbeck und der polnischen Hafenstadt Świnoujście

304 | Natur pur am deutsch-polnischen Grenzfluss Oder

Bildnachweis:

Titelbild fotolia.com/Rico Ködder I S. 4 mauritius images/ ALLTRAVEL/ Alamy I S. 6 mauritius images/ Udo Siebig I S. 7 mauritius images/ Novarc/ Hans P. Szyszka I S. 8 mauritius images/ imageBROKER/ Hans Blossey I S. 9 mauritius images/ Chris Seba I S. 10 mauritius images/ imageBROKER/ Siegfried Kuttig I S. 12 mauritius images/ superclic/ Alamy I S. 13 mauritius images/ superclic/ Alamy I S. 14 mauritius images/ Ernst Wrba/ Alamy I S. 15 mauritius images/ superclic/ Alamy I S. 16 mauritius images/ Premium Stock Photography GmbH/ Alamy I S. 18 mauritius images/ CuboImages/ Martin Zwick I S. 19 mauritius images/ Martin Siepmann I S. 20 mauritius images/ Udo Siebig I S. 21 mauritius images/ Novarc/ Hans P. Szyszka I S. 22 mauritius images/ imageBROKER/ Siegfried Kuttig I S. 24 mauritius images/ imageBROKER/ Martin Siepmann I S. 25 mauritius images/ Andreas Vitting I S. 26 mauritius images/ Westend61/ Pure.Passion.Photography I S. 28 mauritius images/ imageBROKER/ Andreas Vitting I S. 30 mauritius images/ Udo Siebig I S. 31 mauritius images/ Udo Siebig I S. 32 mauritius images/ imageBROKER/ Martin Siepmann I S. 34 mauritius images/ Novarc/ Hans P. Szyszka I S. 35 mauritius images/ Julie g Woodhouse/ Alamy I S. 36 mauritius images/ Julie g Woodhouse/ Alamy I S. 37 mauritius images/ Bildarchiv Monheim GmbH/ Alamy I S. 38 mauritius images/ Torsten Krüger I S. 39 mauritius images/ Chris Seba I S. 40 mauritius images/ Torsten Krüger I S. 41 mauritius images/ Torsten Krüger I S. 42 mauritius images/ Falk Herrmann I S. 44 mauritius images/ Udo Siebig I S. 46 mauritius images/ imageBROKER/ Sabine Lubenow I S. 47 mauritius images/ CuboImages/ Martin Zwick I S. 48 mauritius images/ Torsten Krüger I S. 50 mauritius images/ United Archives I S. 51 mauritius images/ imageBROKER/ eyeclick I S. 52 mauritius images/ imageBROKER/ Thomas Robbin I S. 53 mauritius images/ Danita Delimont I

S. 54 mauritius images/ imageBROKER/ Christian Hetz I S. 56 mauritius images/ Udo Siebig I S. 57 mauritius images/ imageBROKER/ Dieter Schinner I S. 58 mauritius images/ imageBROKER/ Gerken & Ernst I S. 59 mauritius images/ United Archives I S. 60 mauritius images/ imageBROKER/ Hans Blossey I S. 61 mauritius images/ imageBROKER/ Siegfried Kuttig I S. 62 mauritius images/ Udo Siebig I S. 63 mauritius images/ Klaus Scholz I S. 64 mauritius images/ Helmut Corneli/ Alamy I S. 65 mauritius images/ imageBROKER/ Andreas Vitting I S. 66 mauritius images/ Werner Otto/ Alamy I S. 67 mauritius images/ Helmut Corneli/ Alamy I S. 68 mauritius images/ imageBROKER/ Sabine Lubenow I S. 70 mauritius images/ Christian Bäck I S. 71 mauritius images/ imageBROKER/ Stefan Espenhahn I S. 72 mauritius images/ Dirk Renckhoff/ Alamy I S. 73 mauritius images/ Dirk Renckhoff/ Alamy I S. 74 mauritius images/ imageBROKER/ Sabine Lubenow I S. 76 mauritius images/ Novarc/ Hans P. Szyszka I S. 77 mauritius images/ Shawn Hempel/ Alamy I S. 78 mauritius images/ imageBROKER/ Hans Blossey I S. 80 mauritius images/ Charles Bowman/ Alamy I S. 81 mauritius images/ Ivoha/ Ala I S. 82 mauritius images/ United Archives I S. 84 mauritius images/ Andreas Vitting I S. 85 mauritius images/ imageBROKER/ Andreas Jäkel I S. 86 mauritius images/ imageBROKER/ Kevin Prönnecke I S. 88 mauritius images/ Klaus-Gerhard Dumrath I S. 90 mauritius images/ imageBROKER/ Helmut Corneli I S. 91 mauritius images/ imageBROKER/ hwo I S. 92 mauritius images/ Novarc/ Hans P. Szyszka I S. 93 mauritius images/ imageBROKER/ Markus Keller I S. 94 mauritius images/ Travel Collection/ Gregor Lengler I S. 95 mauritius images/ Andreas Vitting I S. 96 mauritius images/ Sebastian Frölich I S. 98 mauritius images/ imageBROKER/ Hans Blossey I S. 100 mauritius images/ imageBROKER/ Helmut Corneli I S. 101 mauritius images/ Helmut Corneli/ Alamy I S. 102 mauritius images/ imageBROKER/ Markus Keller I S. 103 mauritius images/ imageBROKER/ Rosseforp I S. 104 mauritius images/ Falk Herrmann I S. 105 mauritius images/ Falk Herrmann I S. 106 mauritius images/ Peter Lehner I S. 107 mauritius images/ imageBROKER/ Markus Keller I S. 108 mauritius images/ Radius Images I S. 109 mauritius images/ Westend61/ Werner Dieterich I S. 110 mauritius images/ imageBROKER/ Jörn Friederich I S. 112 mauritius images/ imageBROKER/ Movementway I S. 113 mauritius images/ ALLTRAVEL/ Alamy I S. 114 mauritius images/ Hans Blossey/ Alamy I S. 115 mauritius images/ Hans Blossey/ Alamy I S. 116 mauritius images/ Peter Lehner I S. 118 mauritius images/ Christian Bäck I S. 119 mauritius images/ imageBROKER/ Helmut Corneli I S. 120 mauritius images/ Edith Laue I S. 121 mauritius images/ imageBROKER/ Frank Sommariva I S. 122 mauritius images/ United Archives I S. 123 mauritius images/ imageBROKER/ Frank Sommariva I S. 124 Daniela Rust-Kirsch I S. 126 mauritius images/ Dietmar Najak I S. 127 mauritius images/ Danita Delimont I S. 128 mauritius images/ imageBROKER/ Martin Siepmann I S. 130 mauritius images/ Catharina Lux I S. 132 mauritius images/ imageBROKER/ Andreas Vitting I S. 134 mauritius images/ imageBROKER/ Helmut Meyer zur Capellen I S. 135 mauritius images/ Gunter Kirsch/ Alamy I S. 136 mauritius images/ imageBROKER/ Martin Siepmann I S. 137 mauritius images/ Sabrina Larcher I S. 138 mauritius images/ imageBROKER/ Frederik I S. 140 mauritius images/ Sebastian Frölich I S. 141 mauritius images/ Sebastian Frölich I S. 142 mauritius images/ imageBROKER/ Helmut Meyer zur Capellen I S. 143 mauritius images/ imageBROKER/ Sabine Lubenow I S. 144 mauritius images/ imageBROKER/ Hans Blossey I S. 146 mauritius images/ Torsten Krüger I S. 147 mauritius images/ imageBROKER/ Siegfried Kuttig I S. 148 mauritius images/ Torsten Krüger I S. 150 mauritius images/ imageBROKER/ Andreas Vitting I S. 152 mauritius images/ imageBROKER/ Helmut Meyer zur Capellen I S. 153 mauritius images/ Johannes Pistorius I S. 154 mauritius images/ imageBROKER/ Helmut Meyer zur Capellen I S. 155 mauritius images/ Peter Lehner I S. 156 mauritius images/ Sabrina Larcher I S. 158 mauritius images/ imageBROKER/ Wilfried Wirth I S. 159 mauritius images/ Christian Bäck | S. 160 mauritius images/ United Archives | S. 161 mauritius images/ McPHOTO/ Willi Rolfes | S. 162 mauritius images/ imageBROKER/ Sonja Krebs | S. 163 mauritius images/ imageBROKER/ Alessandra Sarti | S. 164 mauritius images/ Catharina Lux | S. 165 mauritius images/ Klaus Siepmann | S. 166 mauritius images/ Novarc/ Hans P. Szyszka | S. 168 mauritius images/ imageBROKER/ Frank Sommariva | S. 170 mauritius images/ Klaus Siepmann | S. 171 mauritius images/ Zoonar GmbH/ Alamy | S. 172 mauritius images/ Christian Bäck | S. 174 mauritius images/ age fotostock/ Peter Schickert | S. 175 mauritius images/ Novarc/ Hans P. Szyszka | S. 176 mauritius images/ imageBROKER/ Ralf-Udo Thiele | S. 178 mauritius images/ Bildagentur-online/ Alamy | S. 179 mauritius images/ Dirk Renckhoff/ Alamy | S. 180 mauritius images/ imageBROKER/ Ralf-Udo Thiele | S. 182 mauritius images/ Novarc/ Hans P. Szyszka | S. 183 mauritius images/ imageBROKER/ Ralph Kerpa | S. 184 mauritius images/ Westend61/ Pure.Passion.Photography | S. 185 mauritius images/ imageBROKER/ Ralf-Udo Thiele | S. 186 mauritius images/ imageBROKER/ Siegfried Kuttig | S. 187 mauritius images/ Alexander Voss | S. 188 mauritius_H_9. H28YBC.jpg | S. 190 mauritius images/ imageBROKER/ Ferdinand Hollweck | S. 191 mauritius images/ imageBROKER/ Hans Blossey | S. 192 mauritius images/ United Archives | S. 193 mauritius images/ imageBROKER/ Peter Lehner | S. 194 mauritius images/ imageBROKER/ Holger Weitzel | S. 195 mauritius images/ Hans Blossey | S. 196 mauritius images/ ALLTRAVEL/ Alamy | S. 197 mauritius images/ ALLTRAVEL/ Alamy | S. 198 mauritius images/ imageBROKER/ Holger Weitzel | S. 199 mauritius images/ imageBROKER/ Holger Weitzel | S. 200 mauritius images/ Andreas Werth | S. 201 mauritius images/ Andreas Werth | S. 202 mauritius images/ imageBROKER/ Lothar Steiner | S. 204 mauritius images/ imageBROKER/ Lothar Steiner | S. 205 mauritius images/ imageBROKER/ Siegfried Kuttig | S. 206 mauritius images/ Westend61/ Patrice von Collani | S. 208 mauritius images/ age fotostock/ Werner Otto | S. 209 mauritius images/ Lothar Steiner/ Alamy | S. 210 mauritius images/ Novarc/ Hans P. Szyszka | S. 211 mauritius images/ Chris Seba | S. 212 mauritius images/ David Davies/ Alamy | S. 213 mauritius images/ United Archives | S. 214 mauritius images/ olbor | S. 215 mauritius images/ Carl-Werner Schmidt-Luchs | S. 216 mauritius images/ Andreas Vitting | S. 217 mauritius images/ ALLTRAVEL/ Alamy | S. 218 mauritius images/ Novarc/ Hans P. Szyszka | S. 219 mauritius images/ United Archives | S. 220 mauritius images/ Edith Laue | S. 221 mauritius images/ Manfred Mehlig | S. 222 mauritius images/ imageBROKER/ Hans Blossey | S. 224 mauritius images/ Fritz Mader | S. 225 mauritius images/ Roland T. Frank | S. 226 mauritius images/ Hans Blossey | S. 228 mauritius images/ Andreas Vitting | S. 230 mauritius images/ Chris Seba | S. 231 mauritius images/ Roland T. Frank | S. 232 mauritius images/ Peter Lehner | S. 233 mauritius images/ Roland T. Frank | S. 234 mauritius images/ McPHOTO/ Horst Helwig | S. 235 mauritius images/ imageBROKER/ Andreas Vitting | S. 236 mauritius images/ United Archives | S. 238 mauritius images/ Andreas Vitting | S. 239 mauritius images/ Günter Gollnick/ Alamy | S. 240 mauritius images/ Hans Blossey/ Alamy | S. 241 mauritius images/ United Archives | S. 242 mauritius images/ imageBROKER/ Siegfried Kuttig | S. 243 mauritius images/ Kuttig - Travel - 2/ Alamy | S. 244 mauritius images/ Novarc/ Hans P. Szyszka | S. 245 mauritius images/ Rene Meyer | S. 246 mauritius images/ Zoonar GmbH/ Alamy | S. 248 mauritius images/ imageBROKER/ Hans Blossey | S. 250 mauritius images/ Hans Blossey | S. 251 mauritius images/ Hans Blossey | S. 252 mauritius images/ Dieter Wanke/ Alamy | S. 254 mauritius images/ imageBROKER/ Bildverlag Bahnmüller | S. 256 mauritius images/ imageBROKER/ Volker Lautenbach | S. 257 mauritius images/ imageBROKER/ Volker Lautenbach | S. 258 mauritius images/ Hans Blossey | S. 260 mauritius images/ imageBROKER/ Oliver Gerhard | S. 261 mauritius images/ imageBROKER/ Oliver Gerhard | S. 262 mauritius

images/ United Archives | S. 263 mauritius images/ Hans Blossey/ Alamy | S. 264 mauritius images/ Hans Blossey/ Alamy | S. 266 mauritius images/ imageBROKER/ Hans Blossey | S. 267 mauritius images/ Novarc/ Hans P. Szyszka | S. 268 mauritius images/ Hans Blossey/ Alamy | S. 270 mauritius images/ Novarc/ Hans P. Szyszka | S. 271 mauritius images/ Novarc/ Hans P. Szyszka | S. 272 mauritius images/ Julie g Woodhouse/ Alamy | S. 273 mauritius images/ Zoonar GmbH/ Alamy | S. 274 mauritius images/ Novarc/ Hans P. Szyszka | S. 275 mauritius images/ Maria Heyens/ Alamy | S. 276 mauritius images/ Torsten Krüger | S. 278 mauritius images/ Torsten Krüger | S. 279 mauritius images/ Chris Howes/Wild Places Photography/ Alamy | S. 280 mauritius images/ imageBROKER/ Julie Woodhouse | S. 281 mauritius images/ imageBROKER/ Thomas Robbin | S. 282 mauritius images/ imageBROKER/ Andreas Vitting | S. 283 mauritius images/ Hans Blossey/ Alamy | S. 284 mauritius images/ Premium Stock Photography GmbH/ Alamy | S. 286 mauritius images/ Juliane Thiere/ Alamy | S. 288 mauritius images/ Raimund Linke | S. 289 mauritius images / Zoonar GmbH / Alamy | S. 290 mauritius images/ Zoonar GmbH/ Alamy | S. 291 mauritius images/ Torsten Krüger | S. 292 mauritius images/ Torsten Krüger | S. 293 mauritius images/ Bildagentur-online/ Schoening/ Alamy | S. 294 mauritius images/ imageBROKER/ Hans Zaglitsch | S. 295 mauritius images/ imageBROKER/ Siegfried Kuttig | S. 296 mauritius images/ imageBROKER/ Volker Lautenbach | S. 298 mauritius images/ Kuttig - Travel/ Alamy | S. 299 mauritius images/ Kuttig - Travel/ Alamy | S. 300 mauritius images/ imageBROKER/ Bahnmueller | S. 301 mauritius images/ Dieter Wanke/ Alamy | S. 302 mauritius images/ Peter Schickert/ Alamy | S. 304 mauritius images/ pa/ Patrick Pleul

Weitere Titel dieser Reihe

Book To Go: Tierbabys | Hamburg | Berlin | Stralsund | Dresden | Frankfurt | Köln

Impressum

Die Deutsche Nationalbibliothek verzeichnet diese Publikation in der Deutschen Nationalbibliografie; detaillierte bibliografische Daten sind im Internet über http://dnb.d-nb.de abrufbar.

1. Auflage 2018
© Steffen Verlag GmbH, Berliner Allee 38,
13088 Berlin, Tel. (030) 41 93 50 14
info@steffen-verlag.de, www.steffen-verlag.de

Herstellung: STEFFEN MEDIA,
Friedland – Berlin – Usedom,
www.steffen-media.de

ISBN 978-3-95799-060-0